I0425691

Michel Chevalier

# L'Économie politique
# et le Socialisme

*essai*

 Le code de la propriété intellectuelle du 1er juillet 1992 interdit en effet expressément la photocopie à usage collectif sans autorisation des ayants droit. Or, cette pratique s'est généralisée dans les établissements d'enseignement supérieur, provoquant une baisse brutale des achats de livres et de revues, au point que la possibilité même pour les auteurs de créer des oeuvres nouvelles et de les faire éditer correctement est aujourd'hui menacée. En application de la loi du 11 mars 1957, il est interdit de reproduire intégralement ou partiellement le présent ouvrage, sur quelque support que ce soit, sans autorisation de l'Editeur ou du Centre Français d'Exploitation du Droit de Copie , 20, rue Grands Augustins, 75006 Paris.

ISBN : 978-1533632739

10  9  8  7  6  5  4  3  2  1

Michel Chevalier

# L'Économie politique et le Socialisme

*essai*

# Table de Matières

## L'Économie politique et le Socialisme

Messieurs,

Depuis la dernière fois que nous nous sommes trouvés ensemble, il y aura bientôt un an, l'économie politique a été l'objet d'accusations multipliées ; pendant un certain temps même, elle à été vaincue et proscrite ; mais la réparation ne s'est pas faite attendre, et l'indépendance des professeurs, qui avait reçu une grave atteinte, a obtenu une sanction nouvelle. En ce qui me concerne, c'est un devoir qu'il m'est doux de remplir d'en exprimer publiquement ma reconnaissance envers les pouvoirs de l'État. La réhabilitation de l'économie politique n'a pas été sans quelque éclats ; elle s'est vue officiellement appelée, de concert avec les autres sciences morales et politiques, par l'autorité justement émue, à la défense de la société menacée, et, dans cette œuvre importante, elle dignement rempli son rôle.

Je pourrais donc me dispenser de présenter aujourd'hui à la justification de l'économie politique. Cependant, j'estime qu'il n'est pas superflu de montrer en quoi les attaques qui ont été dirigées contre elle sont injustes, et c'est ce que je vais essayer.

Ces accusations attestent une confusion d'idées qu'il est utile de débrouiller. C'est une bonne occasion de faire voir ce que c'est que l'économie politique, quel est le but qu'elle s'assigne à elle-même, quelle est la nature de l'action qu'elle prétend exercer. Et peut-être n'en faudrait-il pas davantage, si un exposé pareil était bien fait, pour lui concilier une partie de ses adversaires eux-mêmes, car ces adversaires, je n'en doute point, ne recherchent que la vérité.

L'économie politique, s'écrient ceux qui se sont portés ses antagonistes, prend sous sa protection l'égoïsme, puisqu'elle reconnaît l'intérêt personnel comme un mobile légitime, et lui accorde un rôle important. Elle est sans cœur ni entrailles ; elle ferait volontiers l'apothéose de la cupidité la plus insatiable et la plus barbare, car est-ce que la concurrence est autre chose ? Elle classe parmi ses autorités Malthus, dont la doctrine repose sur un principe cruel, car il a dit à une partie des membres de la famille humaine qu'ils étaient *de trop au banquet de la vie*. L'économie politique,

Michel Chevalier

poursuivent-ils, est hostile au pauvre et courtise le riche. Toutes les tendresses qu'elle peut avoir, elle les réserve pour le capital, qui est l'agent de l'exploitation de l'homme par l'homme. Non-seulement elle est impuissante à donner du soulagement au grand nombre qui souffre, mais elle insulte à la misère du malheureux ; quand on la presse de s'expliquer sur les procédés qu'elle recommanderait pour l'avancement de la société, dans le nombre et avant tout c'est l'épargne et la tempérance qu'elle indique, l'épargne à ceux qui n'ont rien, la tempérance à des gens qui meurent de faim !

S'il y a dans cet auditoire, ce qui est possible, des personnes qui n'aiment pas l'économie politique, elles trouveront, je m'en flatte, que je viens de reproduire les reproche qu'ils lui font, sans tempérer en rien la rigueur de leur langage.

Examinons donc si ces plaintes véhémentes sont fondées ; cherchons si l'économie politique a les mauvais penchants qu'on lui suppose, et si c'est bien à elle qu'il faut s'en prendre de tout ce dont on l'accuse. Procédons à cet examen tranquillement, sans acception de personnes, en nous plaçant au-dessus des passions politiques, qu'on doit toujours laisser à la porte des enceintes consacrées à la science.

Ce qui a servi de prétexte à l'accusation intentée contre l'économie politique de favoriser l'égoïsme, c'est qu'elle reconnaît l'intérêt personnel pour le principal mobile de l'industrie humaine, et qu'elle approuve qu'on mette ce ressort en jeu par l'énergique moyen de la concurrence. L'intérêt personnel, dit-on, est l'égoïsme même, et les excès auxquels la concurrence donne lieu peuvent être qualifiés de saturnales de l'égoïsme.

Que penseriez-vous, messieurs, d'une personne qui reprocherait aux astronomes de baser leurs calculs sur la loi de l'attraction universelle découverte par Newton, ou qui s'élèverait contre les constructeurs de machines à vapeur, parce que leur point de départ est cette proposition, que l'eau vaporisée a une grande force d'expansion ? Vous jugeriez, n'est-il pas vrai, que la réprimande est fort malavisée. Ceux qui, de nos jours, font un crime à l'économie politique du rôle qu'elle accorde, dans ses raisonnements, à l'intérêt personnel, tombent dans une méprise à peu près semblable. Il est aussi impossible de concevoir la production de la richesse sans l'action permanente et intense de l'intérêt personnel que le mécanisme planétaire sans la gravitation, ou que la machine de Watt et de Stephenson sans la force élastique des liquides vaporisés. L'homme est porté à produire la richesse par la force des appétits et des besoins qu'il ressent dans sa fibre même. Ce sont ses propres sensations individuelles, ou celles des personnes dont la vie est étroitement liée à la sienne, et dont il est le protecteur naturel, qui le provoquent au travail dont la richesse, ou l'aisance, ou le simple maintien de l'existence est le fruit. Il faut qu'il se défende, lui et sa famille, contre la faim, contre le froid, contre toutes les intempéries des saisons. Il veut non-seulement conserver, mais orner sa personne et celle de ses enfants ; il veut rendre commode sa demeure. Tout cela est essentiellement personnel, c'est le cri du moi, qui lutte pour s'approprier des objets extérieurs. Voilà pourquoi l'acte de produire de la richesse a toujours été et sera toujours, en vertu de la nature humaine, par l'ordre suprême du Créateur qui a composé cette nature, un acte personnel, relatif à l'individu ou au petit monde de la famille. Les besoins de l'homme sont tellement pressants, il y faut une satisfaction tellement immédiate, tellement incessante, qu'il n'y aurait pas moyen d'y subvenir si chacun n'en faisait son affaire personnelle.

On en a fait la remarque avec beaucoup d'à-propos dernièrement : plus la société s'est perfectionnée, plus la propriété y est devenue individuelle, ce que nos adversaires appellent égoïste, en se dégageant successivement des liens de la communauté où, dans les imparfaites sociétés des temps primitifs, elle était plus ou moins asservie.[1]

Il s'est passé là un double phénomène d'action et de réaction : d'une part, à mesure que le progrès de la société, développant la liberté, investissait la personnalité humaine de nouvelles garanties, la propriété de la terre et des capitaux en général tendait à être de plus en plus individuelle. D'autre part, à mesure que la personnalité humaine était plus encouragée à posséder la richesse, et par conséquent à la produire, une circonstance, favorable au progrès général de la société se manifestait de plus en plus. C'est un des aspects du progrès social que la masse de produits de toute

---

1 Cette proposition a été fortement motivée par M. Franck, membre de l'Institut, dans son écrit du Communisme jugé par l'histoire.

Michel Chevalier

sorte, aliments, vêtements et tout le reste, qui est sans cesse crée et recréée par l'activité de la société, pour se répartir entre les hommes et subvenir à leurs besoins, soit de plus en plus grande ; car si le progrès social consiste en ce que la société soit plus éclairée et possède une notion plus élevée et plus étendue de la morale, c'est un autre aspect nécessaire de ce progrès, qu'en masse la société ait plus de bien-être, et par conséquent, à chaque instant, la jouissance d'une plus grande quantité de produits. Or, c'est un fait constant, la grandeur de la production de la richesse est en proportion de l'excitation donnée à l'effort de chacun par l'intérêt personnel. Voilà comment le ressort de la personnalité a dû, pour le progrès même du genre humain, être appliqué de plus en plus à la production de la richesse. Et ceci vous explique, d'un mot, comment la législation de l'Europe s'est conformée à l'esprit du progrès, quand elle a livré l'industrie au principe de la concurrence, appel énergique au sentiment individuel.

Mais, reprennent nos adversaires, l'intérêt personnel est le proche parent de l'égoïsme ; mais il peut devenir cupide ; mais la concurrence peut dégénérer en une guerre d'une avidité impitoyable et ignominieuse.

Ceux qui s'expriment ainsi ne remarquent pas qu'ils font le procès à la liberté humaine elle-même, et que ce qui serait détruit, s'ils avaient raison, ce n'est point l'économie politique, c'est le libre arbitre du genre humain. Sur la pente de l'intérêt personnel, l'homme peut être entraîné à des abus : qui est-ce qui le nie ? Mais faut-il pour cela supprimer l'intérêt personnel ? Et quelle est donc celle de ses facultés ; dont l'homme ne peut abuser ? Je dirai plus : quelle est la vertu dont à force de l'exagérer, ou en l'isolant, ou en l'appliquant à rebours de la justice et du bon sens, on ne puisse faire sortir un crime ? L'homme est un être libre : voilà pourquoi l'abus de toute chose lui est possible, et tout écart de la ligne droite facile, s'il le veut. Vous ne supprimerez absolument l'abus et l'écart que si vous anéantissez la liberté humaine elle-même.

Eh, sans doute, il ne faut pas que l'homme s'abandonne corps et âme à l'intérêt personnel en faisant abstraction de tout le reste. L'homme a des devoirs envers lui-même et envers sa famille ; mais c'est l'A, B, C de la morale qu'il a des devoirs aussi envers sa patrie, envers la famille humaine tout entière. La vertu, la simple honnêteté consistent à faire marcher de front l'ensemble des devoirs. L'individu qui s'absorbe dans une idée fixe devient bientôt, dans l'ordre intellectuel, un aliéné que les médecins envoient à Charenton. Dans l'ordre moral, du moment qu'on fait abstraction complète d'une partie de ses devoirs pour se complaire dans le reste, on est à la veille, par cela même, de devenir un malhonnête homme ou un criminel. Il y a fort longtemps que les moralistes le disent, grâce à Dieu. C'est pour cela que la philosophie n'est pas seulement belle, qu'elle est hautement utile, puisqu'elle éclaire nos intelligences sur l'ensemble de nos devoirs, et sur l'enchaînement qu'ils ont les uns avec les autres. C'est pour cela aussi que la religion n'est pas seulement sublime, qu'elle est une nécessité sociale, et que, selon l'expression du poète :

Si Dieu n'existait pas, il faudrait l'inventer.

Car la religion nous façonne, au nom de Dieu lui-même, à aimer tous nos devoirs. Les reproches qu'on adresse à l'économie politique, à l'occasion de l'intérêt personnel et de la concurrence, seraient parfaitement fondés si elle prétendait que, par elle, la morale et la religion deviennent superflues. Mais où donc a-t-on vu qu'elle ait jamais nourri cette prétention déréglée ?

De tous les auteurs qui comptent en économie politique, il n'en est pas un qui ne se soit apitoyé sur les fâcheux effets qu'a produits quelquefois la concurrence, lorsqu'elle est devenue acharnée. Tout en démontrant que les bons effets permanents et généraux de la concurrence compensaient mille fois ces accidents funestes, les hommes qui font autorité en économie politique ont gémi sur toutes ces douleurs et toutes ces ruines. Et ils ne se sont pas contentés de gémir ; ils ont enseigné que la pratique d'une certaine vertu, que l'économie politique n'a point par elle-même la puissance d'inculquer aux hommes, mais qu'elle suppose en eux, pouvait, dans une forte mesure, parer à ces échecs et à ces souffrances. Cette vertu est la prévoyance qui peut s'exercer solitairement, individuellement, qui peut aussi agir par la méthode collective, et qui alors a de grands succès. Comme correctif de l'isolement absolu et des écarts de l'intérêt personnel, l'économie

Michel Chevalier

politique a signalé aux hommes le bien qu'ils avaient à attendre de l'association. Les maîtres de la science ont décrit les formes que l'association pouvait prendre pour subvenir à divers besoins et soulager diverses souffrances. Ils ont distingué l'association pour la production, l'association pour la consommation, l'association pour l'épargne, et ils ont fait ressortir la puissance de la solidarité sous ces différents aspects. L'un des derniers travaux économiques de l'homme illustre, si glorieusement mort il y a quelques mois, auquel j'ai eu l'honneur de succéder dans cette chaire, était consacré précisément à exposer les vertus de l'association pour l'amélioration des classes ouvrières.[1]

Une des meilleures définitions qui pourraient être données de l'économie politique serait de dire que c'est l'application des principes généraux du droit public, existant et reconnu, à l'échange des produits et des services entre les hommes. Ces mots, des *principes généraux du droit*, vous révèlent aussitôt combien porte à faux le reproche articulé contre l'économie politique d'être une science sans générosité, sans abandon, sans entrailles. Quand un magistrat est sur son siège et qu'il juge un procès entre mon voisin et moi, je ne puis lui demander d'être généreux, ni d'avoir de l'abandon, ni de se laisser aller à la sensibilité de son cœur. Car s'il est sensible, pourquoi le serait-il en ma faveur plutôt qu'en faveur de ma partie adverse ? Tout ce que je puis réclamer de lui, c'est qu'il soit juste, qu'à l'image de la loi, il reste inflexible sur le terrain de l'équité, sans que jamais ce soit l'impulsion de son cœur qui fesse pencher la balance. De même de l'économie politique, les indications qu'elle donne, les règles qu'elle pose, doivent être modelées sur la justice qui est réciproque, et qui ne sacrifie pas à l'une des parties le droit de l'autre.

Est-ce à dire qu'il faille exclure des rapports des hommes entre eux la bienveillance, la charité, le dévouement, le sacrifice ? Non sans doute. Une société où ces sentiments seraient éteints serait frappée à mort, le mouvement du fluide vital lui-même s'y suspendrait. L'erreur que je combats ici est de croire que ce soit l'économie politique qui puisse servir de mobile à ces généreuses manifestations de l'âme. L'économie politique s'arrête là où cesse

---

1 *Notice sur Malthus* insérée en tête des œuvres de celui-ci dans la grande collection Guillaumin.

la stricte justice, et là commence le domaine d'autres puissances plus tendres, plus spontanées, ou placées plus haut dans l'ordre hiérarchique. L'économie politique s'applique à être juste ; la charité et le dévouement sont par-delà la justice. Il appartient à l'économie politique de suggérer à la société une partie des lois dont celle-ci a besoin pour se soutenir et se développer. Mais la charité, le dévouement, les accents du cœur ne peuvent s'écrire dans les lois, car si la loi me signale les actes de charité que j'ai à faire et me fixe les sommes que je donnerai, je cesse d'être charitable, je ne suis plus que contribuable, Si la toi enjoint à Curtius de se jeter dans le gouffre, ce n'est plus un héros qui, dans son libre arbitre, se dévoue magnanimement pour sa patrie qu'il aime et qu'il voit éplorée ; c'est un malheureux que vous assassinez.

Prescrire la charité et le dévouement par acte législatif, ce n'est rien moins que démoraliser la société ; car on détruit le lien de la sympathie réciproque entre le bienfaiteur et celui qui reçoit le bienfait. On anéantit la liberté du premier, et c'est cette liberté qui eût fait le prix de la bonne œuvre. On détruit dans l'âme de l'autre le parfum de gratitude qui remontait vers le bienfaiteur, dont c'était toute la récompense. L'économie politique, conseillère du législateur, ne saurait avoir plus de puissance que la loi.

C'est ma conviction personnelle que les sociétés européennes en général, la société française en particulier, sont en ce moment dans une position critique d'où elles ne sortiront à leur avantage qu'autant que le sentiment chrétien, que vous appellerez indistinctement de la fraternité, de la charité, y aura acquis un nouvel empire. À nos côtés, tout près de nous, est ouvert un gouffre béant que la haine a creusé et où nous courons le risque d'être ensevelis tous pêle-mêle, sans distinction de classes et de partis ; et ce gouffre, je ne vois que la charité qui puisse le combler. C'est cette sympathie qui, pourvu qu'elle soit mutuelle et réciproque, rattachera les liens sociaux qui sont rompus et mettra fin à nos dissensions, à nos périls, à nos angoisses.

Ce n'est pourtant pas une raison pour oublier que l'économie politique est exclusivement une science de raisonnement et d'observation, et que le sentiment ne reconnaît point sa loi. Elle suppose que les hommes sont animés de désirs honnêtes, elle leur parle comme à des êtres intelligents et moraux, qui aiment

Michel Chevalier

à pratiquer la vertu et la justice. Par cela même, elle ne laisse pas que d'encourager indirectement l'homme à se montrer juste et vertueux. Ainsi, quand Achille est déguisé, à Scyros, sous les accoutrements d'une jeune fille, pour réveiller en lui la nature d'un héros, il suffit à Ulysse de placer sous ses yeux une épée, comme par hasard. Mais je ne puis trop le répéter, l'économie politique n'a pas charge d'âmes. Ce n'est pas elle qui a reçu spécialement la grande mission d'inspirer aux individus des sentiments vertueux, de fixer dans les esprits l'amour de l'équité, encore moins de toucher les cœurs et de les faire tressaillir des élans de la charité. Il lui est interdit d'aller sur les brisées de la philosophie et de la religion, et de tenter de leur dérober leurs attributions. Elle suppose qu'elles l'ont devancée et que les hommes les ont aidées à remplir leur tâche sur eux-mêmes.

Vous apercevez donc l'erreur dans laquelle tombent les détracteurs de l'économie politique. Ils méconnaissent la répartition des attributions qui existent nécessairement entre l'économie politique et les deux grandes puissances de l'ordre intellectuel et de l'ordre moral, la philosophie et la religion. Ils supposent que l'économie politique s'arroge un pouvoir qu'elle n'a point et qu'elle ne peut avoir. Ils troublent ce que nous appelons, dans la langue de l'économie politique, la division naturelle du travail, division qui, lorsqu'elle est tracée et bien observée, donne des résultats admirables.

Du point de vue où je viens d'essayer de vous transporter, vous aurez peu de peine à apprécier à leur juste valeur les autres griefs de nos adversaires, car ce n'est guère que la paraphrase de cette accusation, que l'économie politique n'a pas d'entrailles, et qu'elle ne parle pas la langue de la charité. Examinons, par exemple, ce qui concerne Malthus.

Ce savant économiste, dont on a fait une figure impitoyable, un exterminateur dans le genre d'Attila, ou un bourreau comme Marat, était un ministre du saint Évangile, d'un caractère pieux, des mœurs les plus douces, mais qui, heureusement pour la science et pour la nation dans le sein de laquelle il vécut et ferma tranquillement les yeux il y a peu d'années, était un philosophe observateur, suivant jusqu'au fond des faits sociaux le lien entre les effets et les causes, au lieu de s'arrêter là où se bornent la plupart des intelligences, à la surface. À l'époque où il commença sa carrière, c'était dans toute l'Europe un travers, dont nous ne sommes pas complètement guéris encore, d'imputer aux gouvernements tout le mal qu'il y a sur la terre. Malthus, qui avait une érudition fort étendue à la disposition d'un rare esprit d'analyse, montra que, sous les abus politiques, réels ou supposés, qu'on agitait pour les multiplier aux regards, il y avait une cause du mal plus générale, plus profonde que l'impéritie ou l'indifférence des gouvernements, à savoir : la disproportion entre les subsistances et la population. Il répandit ainsi des lumières inattendues sur l'histoire du genre humain, sur l'origine des désordres qui affligeaient souvent l'humanité, sur les causes de la décadence jusque-là inexpliquée de grands États. Le problème de l'amélioration populaire, qu'on cherchait à résoudre par des changements politiques qui quelquefois n'avaient aucune justification dans le passé des peuples, aucune racine dans l'esprit national, il prouva qu'on ne saurait le résoudre qu'autant qu'on modifierait avantageusement le rapport entre la quantité des subsistances et le nombre des hommes. Il constata que la charité des individus et de l'État, avec les meilleures intentions du monde, prenait très-fréquemment une direction qui conduisait à vicier ce rapport au lieu de le rendre plus favorable, et il eut le courage d'en conclure, non pas qu'il ne fallait point être charitable, c'est une calomnie de laquelle je voudrais laver la mémoire de cet homme pieux et excellent, mais qu'on devait s'appliquer à l'être de telle façon que le rapport des subsistances à la population devint plus avantageux à l'humanité. Peut-être l'économie politique, par le progrès naturel qu'elle a accompli avec l'aide du temps, est-elle en mesure aujourd'hui de donner des idées de Malthus une formule plus rigoureusement exacte que celle qu'il avait adoptée lui-même. Mais Malthus n'en fut pas moins le premier à proclamer de grandes vérités. Ces vérités ne sont pas inhumaines, elles ne découragent pas la sympathie dont le Créateur a mis le germe dans le cœur des hommes les uns pour les autres ; au contraire, elles signalent à la bienfaisance des écueils où elle pourrait faire naufrage, des maux qu'elle pourrait occasionner en voulant et en croyant faire du bien.

Si j'avais à exposer et à motiver les idées de Malthus, je substituerais à la formule qu'il a donnée, celle-ci qui est plus générale et plus rigoureusement exacte, que dès que la prévoyance abandonne l'homme, dès que la raison cesse de régler ses instincts, dès que,

Michel Chevalier

pour me servir de l'expression spirituelle de Xavier de Maistre, c'est la *bête* qui mène *l'autre*, l'espèce humaine se multiplie suivant une progression beaucoup plus rapide que le capital. Or, sous cette dénomination du capital, il n'y a rien moins que les instruments du travail et les produits du travail. Quand je dis instruments du travail, j'entends tous les appareils, tous les mécanismes imaginables, depuis les menus outils du plus humble ouvrier jusqu'à la plus puissante des machines à vapeur, à l'atelier le plus vaste et le mieux combiné ; depuis l'écope du batelier ou de la pelle du terrassier, jusqu'à un chemin de fer tout entier avec tous ses engins et tous ses bâtiments. De même ici, les produits du travail signifient tout ce que l'industrie humaine prépare et recueille dans les champs et dans les manufactures pour les besoins personnels de l'homme, sa nourriture, son vêtement, l'ornement de son logis, pour la satisfaction de son corps et de son esprit. Sous cette forme, la proposition de Malthus est mathématiquement vraie, et elle pourrait servir de fondement à un traité méthodique et complet d'économie politique.

Cela admis, il n'est pas difficile de voir combien on a tort de faire un crime à l'économie politique de prendre la défense de ce capital dont quelques personnes, quelques écoles, ont imaginé, de nos jours, de faire une sorte de vampire contre lequel on excite le ressentiment des populations ouvrières. Il se trouve, en effet, si ce que je viens de dire est fondé, que le capital, au lieu d'être l'ennemi de l'ouvrier, lui rend un grand service, le plus grand des services possibles dans l'ordre matériel. Puisque le capital, sous l'une de ses formes, est l'instrument de toute espèce dont l'homme s'assiste dans le travail, s'il n'y avait pas de capital, le genre humain serait réduit à tout faire de ses dix doigts et de ses muscles, sans que les éléments, les forces de la nature et les êtres de la création lui donnassent aucun secours, tout comme les malheureux Fellahs que le vice-roi d'Égypte, Méhémet-Ali, avait réunis au nombre de cent mille pour leur faire creuser, sans autres outils que leurs ongles, le canal d'Alexandrie au Nil, et dont vingt ou trente mille y périrent d'épuisement, Puisque la seconde forme du capital, c'est la masse des approvisionnements formés d'avance en tout genre, s'il n'y avait pas de capital, le genre humain serait, pour sa subsistance, dans la condition des oiseaux du ciel, qui vaguent pour trouver leur pâture, ou de ces misérables tribus d'Esquimaux qui, un jour, quand la pèche a été bonne, se gorgent, comme des animaux voraces, du poisson que leur a livré la mer, et qui, le lendemain, si la tempête ne leur permet de renouveler leurs provisions, sont livrés à toutes les angoisses de la faim.

À propos d'un procès politique qu'il eut à soutenir, et où il avait été condamné par l'effet, suivant lui, des déclamations du ministère public, Paul-Louis Courier s'écriait dans son langage original : Dieu nous garde du Malin et de *la métaphore* ! entendant par-là que l'emploi de l'éloquence et des moyens oratoires, dans les discussions juridiques, est propre à troubler le jugement. Avec des figures de rhétorique, en effet, un avocat général passionné peut, transfigurer des actions innocentes ou de simples peccadilles en des crimes exécrables. L'avis de Paul-Louis Courier est bon à suivre ailleurs que dans les questions juridiques. Il l'est particulièrement dans les matières scientifiques.

Malthus était un savant, il employait de préférence la langue de la science, qu'il parlait admirablement ; mais se souvenant qu'il était ministre du saint Évangile ; le cœur déchiré au spectacle des maux qui se présentaient à lui comme provenant de la disproportion entre la population et les moyens d'existence, il lui arriva quelquefois peut-être d'exhaler sa douleur par des paroles d'une éloquence amère. Il fit un peu de *métaphore*, et notamment cette phrase, qui est demeurée célèbre, des hommes qui *sont de trop au banquet de la vie*. C'est de ces quelques mots épars que se sont saisis les adversaires de Malthus et de l'économie politique, en tant que celle-ci approuvait les opinions de cet auteur célèbre. Par un procédé peu charitable, ils les ont séparés de tout ce qui les entourait et en faisait ressortir clairement le sens, et, y attachant leurs propres commentaires, ils en ont fait une sorte d'imprécation contre les consolations que le pauvre trouve à s'entourer d'une famille ; ils les ont représentés comme un vœu homicide, tandis que ce n'était que le cri d'un homme éclairé qui souhaitait du bien-être à tous ses semblables, et qui signalait justement le débordement relatif de la population comme un des plus grands obstacles aux progrès du bien-être général. Dans quelles proportions, à ce propos, les détracteurs de Malthus n'ont-ils pas fait de la *métaphore* à leur tour ! Mais la leur dénigrait un homme de bien, et ne rendait service

Michel Chevalier

à personne. Elle troublait les idées du vulgaire ; elle empêchait d'entendre un avertissement que la raison et la morale approuvent, à savoir : que les lois et les mœurs doivent combiner leurs efforts pour que le capital se multiplie, dans la société, suivant une progression toujours plus rapide que la population, et que, hors de là, il est impossible de prévenir la misère.

J'espère que vous voyez, dès à présent, à quel point les clameurs qu'on a prodiguées contre le capital sont à côté de la question, et vont même diamétralement à l'encontre du but que poursuivent les partisans de l'amélioration populaire. Si l'on veut dire qu'il faut que le riche soit humain, généreux, charitable ; qu'il doit considérer le pauvre comme son frère devant Dieu, et d'une main affectueuse verser, comme le Samaritain, du baume sur les plaies de ses semblables, rien de mieux. Il est beau de réitérer les appels aux pratiques chrétiennes, pourvu cependant qu'ils se produisent chrétiennement, et que le riche ne soit pas exclu de la chrétienté. Mais comme ce n'est pas l'économie politique qui a mission d'attendrir les âmes, pourquoi trouve-t-on mal qu'elle ne l'entreprenne pas ? Encore un coup, elle laisse respectueusement à la religion, qui est la souveraine des cœurs, et à la philosophie, qui partage avec la religion le soin d'enseigner aux hommes les lois de la morale, à initier les peuples aux devoirs réciproques d'une véritable fraternité. Quant à elle, demeurant à son rang, elle aborde le sujet de l'amélioration populaire par le côté qui lui est assigné, et c'est ainsi qu'elle dit à ceux qui lui font honneur de l'écouter :

Tant qu'il y aura peu de capital sur la terre, de quelques beaux sentiments que les législateurs soient animés, quelque sublimes pensées qu'on écrive sur le frontispice de la constitution politique, une grande partie du genre humain, de nos concitoyens, de nos frères en Dieu, restera fatalement sous le poids de la misère. Donc, au nom de l'amélioration populaire, il faut faire du capital. Le capital se fait par le travail qui porte des fruits, et par l'épargne qui met en réserve une portion des fruits du travail. Donc, l'épargne est d'intérêt public, d'intérêt populaire. Le riche dissipateur et l'ouvrier débauché, qui, l'un et l'autre, s'inquiètent peu de se rendre utiles à la société, selon la forme et dans la mesure que comporte la position de chacun, et qui dépensent tout ce qu'ils peuvent sans rien réserver, sont tous les deux des ennemis de l'amélioration

L'Économie politique et le Socialisme

populaire, et ils le sont au même titre. C'est en ce sens que l'économie politique recommande l'épargne à tout le monde sans exception, à l'ouvrier comme à l'homme qui a de l'aisance, à l'homme simplement aisé comme à celui qui est opulent. De sa part ce n'est pas une ironie que de parler d'épargne même à ceux qui sont fréquemment dans le besoin. C'est une juste appréciation de la puissance qui appartient à la volonté humaine lorsqu'elle est persévérante ; c'est la conscience de la masse que peuvent former des infiniment petits quand ils s'ajoutent sans cesse les uns aux autres.

Il ne faudrait pas dire que l'économie politique confond mal à propos le capital et le capitaliste ; que l'un est un instrument utile, et que l'autre est un être inutile, le frelon de la ruche, qui s'attribue une prime sur le travail d'autrui sans travailler lui-même. S'il ne travaille pas présentement, il a travaillé dans le passé, ou d'autres ont travaillé pour lui. Et surtout vous ne pouvez supprimer le capitaliste sans que le capital disparaisse en même temps. Abolissez la propriété des capitaux, la propriété individuelle, et vous tarissez à l'instant même la source d'où les capitaux sont sortis ; vous brisez l'aimant qui attire et retient les parcelles de cette substance indispensable au bien-être des hommes et à la puissance des États.

L'économie politique jusqu'ici a eu peu de vogue en France, et au contraire, les systèmes qui lui ont fait la guerre ont trouvé facilement des adhérents ardents et sincères et nombreux, même parmi les classes qui reçoivent une éducation soignée. Ce n'est pas un effet sans cause.

La nation française brille par l'éclat et la fécondité de son imagination : c'est le secret de ses triomphes dans une glorieuse carrière, celle des lettres et des arts. C'est une des causes de l'ascendant qu'elle a exercé tant de fois dans le monde. C'est sa force, mais c'est aussi, malheureusement, sa faiblesse. Elle a la passion du merveilleux. Le soudain et l'imprévu la charment et l'entraînent. Elle aime a procéder à ses évolutions par la méthode des changements à vue. Or précisément l'économie politique est une des branches de l'arbre des connaissances humaines où l'imagination a le moins de place. Elle se méfie du merveilleux et le repousse : elle traite par le procédé d'une froide analyse les importantes questions qui sont plus particulièrement de son

Michel Chevalier

ressort, celles qui touchent à la condition matérielle des hommes et à la richesse des sociétés.

L'économie politique ne fait aucun cas de la pierre philosophale et de la panacée, et chez nous, plus que chez d'autres peuples, on croit volontiers à ces merveilles.

Assurément, en ce moment-ci, les hommes ont cessé de croire qu'en manipulant le plomb et le cuivre dans un fourneau, l'on puisse les transmuter en or ; mais comme si, souvent, ce que nous appelons le progrès ne devait être qu'un mouvement de rotation dans un cercle d'erreurs, en délaissant la croyance à la pierre philosophale des chercheurs d'or, en abjurant la foi en la panacée universelle que composaient les alchimistes pour la guérison de tous les maux auxquels notre corps est sujet, on s'est mis à croire à d'autres spécifiques non moins surnaturels. C'est ainsi qu'on s'était persuadé, dans le siècle passé, qu'il n'y avait qu'à adopter certaines formes de gouvernement, inspirées par ce qu'on croyait être la raison pure, pour rendre les hommes heureux.

Par l'influence de l'esprit français, cette opinion domina en Europe, à la fin du dix-huitième siècle, parmi les hommes dont la pensée était tournée vers la politique et vers l'amélioration du sort de leurs semblables. Elle demeura très-puissante pendant le premier quart du dix-neuvième. Alors cependant quelques esprits d'élite commencèrent à penser et à enseigner que le plus pressé n'était pas de bouleverser les gouvernements, qu'il ne fallait point voir dans ceux-ci la principale cause des maux dont souffraient les hommes. Les nations, disaient-ils, sont la matière dont les gouvernements sont faits. C'est de leur sein qu'ils sortent, dans leurs entrailles qu'ils se renouvellent. Si donc il y a des vices dans un gouvernement il est à croire que c'est le reflet même de vices nationaux. Cette idée qui, sans méconnaître la supériorité générale de certaines formes de gouvernement sur certaines autres, subordonnait pourtant les changements politiques aux progrès réels de la moralité publique et des lumières, était trop juste pour ne pas faire peu à peu son chemin.[1] Mais voyez l'infirmité

---

1 Ici je tiens à nommer l'homme qui le premier, à ma connaissance, a exprimé et motivé cette pensée : c'est M. Charles Dunoyer. Il l'a produite notamment dans un ouvrage qui a paru en 1825, sous ce titre : *L'industrie et la Morale dans leurs rapports avec la Liberté*, et qui depuis a été refondu dans son important ouvrage *de*

L'Économie politique et le Socialisme

de l'esprit humain ! quand on commença à reconnaître que la panacée qui devait faire le bonheur des hommes en transmutant les gouvernements, était sans vertu, le public se mit en quête d'une autre pour laquelle il pût se passionner, et bientôt les doctrines qui se proposent de changer la société elle-même se propagèrent avec une rapidité dont vous avez vu les effets.

Qu'il y ait une liaison entre la forme du cadre social et le bonheur des individus dont la société se compose, ce n'est pas ce que je veux contester : l'esclavage, qui était la base des sociétés grecque et romaine, et le servage, qui du temps de la féodalité y avait été substitué, n'offraient, même alors, au plus grand nombre des hommes, qu'infiniment peu de chances de bonheur : l'un et l'autre, aujourd'hui, seraient d'affreuses tyrannies. Si donc les novateurs se contentaient d'affirmer qu'il existe un lien entre la forme de la société et le bien-être des individus, ils ne diraient rien que de vrai ; ils pourraient vivre en bonne intelligence avec l'économie politique, ils s'appuieraient, de même qu'elle, sur l'observation et sur le raisonnement. Mais ils ont de bien autres affirmations. Chaque école, chaque fraction d'école a ses idées arrêtées et exclusives, et l'adoption de son système est à ses yeux la condition absolue de la félicité des humains, comme aussi le système doit suffire, par sa vertu intrinsèque, à résoudre le grand problème.

Ainsi, chaque école, chaque fraction d'école, se présente avec sa panacée sociale, qui contient le secret de rendre le peuple heureux infailliblement, de même que Paracelse portait dans le pommeau de son épée la sienne, qui était la guérison certaine de toutes les maladies. C'est donc, comme dans la doctrine des alchimistes, le surnaturel appliqué au traitement des, maux de la société.

Ce caractère bizarre a pourtant servi les systèmes téméraires que récemment on a prêchés, au lieu d'y nuire ; par des raisons diverses, il a séduit diverses parties du public. L'homme qui souffre, et à qui il tarde de changer de sort, est prompt à se prendre de passion pour les programmes où il lit d'éblouissantes promesses à courte échéance. De jeunes âmes faciles à enflammer et dépourvues d'expérience franchissent aisément dans leurs généreux transports, la limite qui sépare le monde des réalités de celui des chimères, et se prennent bientôt d'enthousiasme pour des plans dont il ne peut

*la Liberté du Travail.*

Michel Chevalier

sortir que des déceptions. C'est ainsi que l'impatience des esprits a mis en vogue les projets les plus vains. L'imagination française, par sa vivacité, et par le goût qu'elle a pour l'impossible, de préférence à ce qui n'est que difficile, a poussé vivement dans le même sens.

Mais puisque j'ai comparé à l'alchimie les systèmes qui se sont produits avec la prétention de changer complètement la société, il faut que je justifie mieux cette comparaison. Avant tout, qu'ai-je besoin de dire qu'ici je ne mets en suspicion la sincérité de personne ? Du moment qu'on entre en discussion, on admet la bonne foi de ses adversaires. Au surplus, les alchimistes aussi étaient de bonne foi, mais ils s'abusaient étrangement. Or, comment et en quoi s'abusaient-ils ?

Leur imagination, qui était échauffée, elle aussi, par le désir d'améliorer la condition de leurs semblables, avait transporté leur âmes dans des régions où elle avait perdu de vue la loi contenue dans les solennelles paroles adressées au premier homme, à l'instant qu'il sortit du paradis terrestre pour entrer dans la demeure où nous vivons après lui : *Tu travailleras à la sueur de ton front.*

Il y a sous cette simple formule de la Bible un enseignement de la moralité la plus vaste. Elle signifie en effet : Tu achèteras par des efforts l'accomplissement des destinées que je te réserve. Si mon indulgence permet à tes descendants de jouir de quelques biens, d'avoir de la santé, de la richesse, du bonheur ce ne sera qu'autant qu'il y aura eu parmi eux du travail, beaucoup de travail, un travail incessant sur le monde dont je les entoure, et sur eux-mêmes. L'effort sur soi et en dehors de soi sera la loi permanente, la loi absolue du genre humain. Pour que tu ne l'oublies jamais, j'attacherai à tes flancs un aiguillon qui te le rappellera sans cesse : ce sera la faim, le besoin. À défaut du besoin, ce sera le cri de ta conscience soulevée contre ta propre indignité.

Dans cet arrêt signifié à notre premier père, sont indiqués les conditions fondamentales de l'existence du genre humain et le mobile de notre activité en ce monde. Vous y apercevez la base de la morale, la loi de la responsabilité humaine : notre destinée est notre ouvrage, le fruit de notre labeur ; nous en avons la charge, et c'est pour cela que nous en recueillons les joies, quand elle en est semée. Tout entière, l'histoire du genre humain s'accorde à confirmer que cette tradition biblique révèle le secret de nôtre nature, notre loi suprême ici-bas.

Nous pouvons maintenant apprécier la Valeur morale de l'œuvre des alchimistes. Quand ces hommes ardents cherchaient le secret de faire de toutes pièces de l'or, c'est-à-dire ce qu'ils supposaient devoir donner au genre humain la richesse sans labeur, ils contrevenaient à la volonté de la Providence, ils tentaient d'enfreindre la loi de la responsabilité humaine. Quand ils étaient en quête de la panacée, c'est-à-dire d'un remède qui guérît tous les maux, qui assurât la santé quelle que fût la vie que l'on menât, que l'on fût tempérant ou dissolu, ils prétendaient violer plus outrageusement encore la règle qui impose à l'homme la responsabilité de ses actes, ils n'aspiraient à rien moins qu'à placer l'homme au-dessus des chances bonnes ou mauvaises que nous fait courir notre libre arbitre, selon que nous nous contentons d'user de la liberté ou que nous en abusons. Ils entreprenaient de l'exalter au-dessus de sa propre nature. C'était l'apothéose de l'homme, l'escalade du ciel.

L'entreprise des alchimistes était insensée, leur programme immoral et impie, et le mieux doué d'entre eux, le brillant Paracelse, devait, par sa fin prématurée, donner un cruel démenti à leurs rêves d'orgueil. Malgré la panacée qu'il portait toujours sur lui et qui devait le préserver de la mort, il mourut misérablement, épuisé par la débauche, avant d'avoir atteint cinquante ans. Lui, qui se flattait de posséder le secret de faire de l'or, c'est sur un grabat, dans un hôpital, qu'il exhala son dernier soupir.

Messieurs, tout système social qui tendra de même à supprimer la responsabilité humaine, qui aura la prétention de soustraire l'homme à la menace que notre propre liberté nous tient constamment suspendue sur la tête, sera, dans un autre genre, ce qu'était l'alchimie chimérique, inconciliable avec notre nature, avec les conditions de l'existence du genre humain sur la terre. On se flattera de porter le progrès dans le coin de son manteau, on n'y portera que la désorganisation de la société et l'abaissement de l'individu. On aura beau être animé d'intentions honnêtes, on n'aura aucune puissance pour le bien : malgré soi, on n'en possédera que pour le mal.

Supposez, par exemple, un système que l'auteur ait lui-même

Michel Chevalier

résumé en ces termes : que le travail s'y maintiendra *sans le secours de la morale et de la faim* ; n'hésitez pas à dire à l'auteur qu'avec sa formule, qui est l'inverse de celle du *travail à ta sueur de notre front*, il se met en insurrection contre la loi de la responsabilité humaine, et qu'il n'en faut pas davantage pour que son système soit impraticable et dangereux. Vous pourrez ajouter, par manière de consolation, que l'auteur de ce même système a eu le mérite d'apprécier le bien qu'on devait attendre du principe d'association à une époque où ce principe semblait méconnu unanimement en France : mais dans son zèle réactionnaire en faveur de ce principe admirable, il a fait un inconcevable écart.

Pareillement, si d'autres systèmes, se présentant sous les dehors de la fraternité, détruisent, sous prétexte de progrès, le ressort de l'intérêt individuel, n'hésitez pas davantage à les condamner comme des fantômes propres à égarer les hommes qui souffrent. L'intérêt personnel n'est en effet qu'une des figures les plus légitimes de la responsabilité individuelle.

Mais voici, au sujet des écoles nouvelles, un aperçu moins triste que ce qui précède.

Quand ils eurent cessé de s'abandonner aux écarts de leur imagination et de s'enivrer de leurs propres désirs, les alchimistes devinrent les pères de la chimie, science positive qui est utile à l'homme et ne peut égarer son âme. De même, quand les hommes ardents, qui aujourd'hui se jettent à corps perdu dans le socialisme et en caressent les chimères, auront mis un frein à leurs élans, qu'ils consacreront méthodiquement et opiniâtrement à l'observation et à la réflexion les belles facultés dont les a dotés la nature, ils deviendront des disciples utiles de la philosophie et de l'économie politique. Non, l'économie politique, dont ils sont les adversaires systématiques, ne doit pas désespérer de les compter un jour parmi ses disciples fervents. Dans l'avenir, elle devra certainement des progrès insignes à des personnes qui, dans ce temps-ci, lui auraient volontiers fait la guerre ; car l'économie politique est exactement aux doctrines socialistes ce que la science chimique de nos jours est aux théories désordonnées des alchimistes.

Il n'est pas douteux que si l'enseignement de l'économie politique avait été plus répandu, s'il eût été mis à la portée du vulgaire avant le mois de février 1848, les doctrines qui, dès le lendemain de la révolution, firent de si grands ravages, n'auraient pas trouvé d'écho. La clameur publique les aurait réfutées à l'instant même.

Malheureusement l'économie politique est infiniment peu enseignée en France. La chaire où je suis est la seule qui soit nommément instituée sous ce titre dans le budget annuel de l'État. Celle même qu'occupe avec éclat, au Conservatoire des Arts et Métiers, un professeur renommé, est qualifiée officiellement d'économie industrielle. Nos Facultés de droit, qui réunissent une bonne partie de l'élite de la jeunesse, de nos futurs orateurs et administrateurs, n'ont pas, entre elles toutes, un cours d'économie politique.[1] La France est, dans l'Europe entière, la Russie et l'Espagne comprises, le pays où l'économie politique est le moins mise à la portée de la jeunesse studieuse. Si vous voulez voir un pays où elle est répandue à pleines mains et où l'on s'en trouve bien, allez chez nos voisins d'outre-Manche. Dernièrement, un savant prélat, M. l'archevêque de Dublin, dans un excellent discours qu'il a prononcé à la Société d'économie politique de Dublin, dont il est le président, a pu annoncer qu'aujourd'hui on trouvait, dans les mains de l'immense majorité des habitants de la Grande-Bretagne proprement dite, des traités élémentaires, où sont résumées les idées fondamentales de l'économie politique. Ces éléments sont enseignés, dit-il, dans *quatre mille écoles* de la Grande-Bretagne.

1 Une ordonnance rendue il y a déjà longtemps, avait institué une chaire d'économie politique à la Faculté de Paris. La chaire n'a jamais été remplie.

Le jour n'est pas loin sans doute où l'économie politique entrera au moins dans le cadre de l'instruction supérieure, et où toutes nos grandes Écoles, les Facultés de Droit, l'École Polytechnique auront chacune sa chaire d'économie politique. Puisque tout le monde est appelé par nos lois actuelles à participer au gouvernement, la raison veut qu'un grand nombre au moins de nos concitoyens se familiarisent avec les sciences politiques en général, et avec l'économie politique plus qu'avec aucune autre.

Il ne serait pas difficile de faire entrer l'économie politique dans le cadre de l'instruction secondaire, où elle serait bien placé. On pourrait l'introduire en la rattachant au cours de philosophie dont, en effet, l'économie politique est une branche. Le *Traité d'économie politique* de M. Destutt de Tracy forme un des livres de son cours d'idéologie.

L'École des ponts et chaussées a, depuis deux ans, un cours d'économie politique qui est confié à M. Joseph Garnier, auteur d'un excellent Traité élémentaire d'économie politique. Mais ce cours n'est pas encore inscrit au budget.

Michel Chevalier

Ayant interrogé lui-même un grand nombre d'élèves, il a reconnu que des enfants de treize à quatorze ans avaient l'intelligence de cette science réputée si abstraite, et j'ajouterai à la louange de ce digne prélat qu'il a plus que personne contribué par ses efforts à populariser cet enseignement.

C'est par un ensemble de mesures de ce genre, messieurs, qu'on aide les sociétés à bien supporter le régime de la liberté, et que des gouvernements sages peuvent, autant qu'il appartient à des gouvernements, contribuer à mettre les intelligences à l'abri de doctrines fatales. Si j'avais à énumérer les causes politiques pour lesquelles la Grande-Bretagne, depuis un an, est demeurée impassible en présence des agitations du continent européen, je signalerais parmi les plus efficaces le fait cité par M. l'archevêque de Dublin au sujet de l'instruction publique : j'indiquerais, à plus forte raison, les efforts tentés avec une rare prudence et une rare décision par le gouvernement britannique pour mettre le régime du pays en harmonie avec les règles de l'économie politique.

En terminant, j'éprouve le besoin de le dire, vous remarquerez que si l'économie politique est incompatible avec les projets d'innovation téméraire, elle se garde bien de réprouver en soi l'esprit novateur. Il est des situations où, selon une pensée du chancelier Bacon, que j'ai déjà citée dans cette chaire, la première fois que j'y suis monté, il faut vouloir des remèdes nouveaux, sinon l'on n'a qu'à s'apprêter à des calamités nouvelles. Depuis 1789, la France, et à son exemple l'Europe, sont en enfantement d'une nouvelle forme sociale. Si donc on prononçait une condamnation absolue contre l'innovation, la grande entreprise à laquelle la France et la civilisation occidentale ont consacré, depuis cette époque, tant d'efforts, tant de génie, tant de trésors, tant de sang et de larmes, du même coup serait frappée d'anathème.

Il ne faudrait pas dire que l'entreprise de 1789 est terminée. Hélas ! il n'est que trop vrai pour notre repos, elle ne l'est point. La preuve que le problème qui fut posé par nos pères, et qu'ils s'étaient flattés de résoudre en quelques instants, n'a pas encore sa solution complète, je la trouve écrite en caractères lugubres dans ces catastrophes périodiques qui depuis soixante ans n'ont pas cessé de bouleverser notre sol et de renverser les Constitutions politiques les unes sur les autres. Une société qui a trouvé son assiette n'est pas

L'Économie politique et le Socialisme

sujette à ces terribles retours : un mécanisme social en équilibre est exempt de ces perturbations répétées. Et quoi de surprenant, quand on s'est lancé sur une mer inconnue, qu'on n'arrive pas le même jour au port ?

Le genre humain est éminemment chercheur de nouveautés, c'est ce qui le distingue de tout le reste de la création. Il l'est parce que Dieu lui a donné l'intelligence, tandis qu'il n'a accordé aux autres êtres que l'instinct. Mais il faut distinguer entre l'innovation qui ne s'attache à introduire des changements que dans les faits naturellement mobiles, ou qui développe graduellement l'application des grands et salutaires principes, et celle qui entreprend de changer des choses essentiellement immuables. Quand Archimède disait que, si on lui donnait un point fixe, il se chargeait, lui faible mortel, de remuer la planète, il donnait, sans y penser, un avertissement à tous les novateurs à venir. À eux aussi, pour les mouvements qu'ils méditent, il faut des points fixes. Ces points fixes, on ne peut les trouver que dans les données essentielles de la nature humaine, dans les principes que la sagesse divine a révélées à l'entendement des hommes.

Ainsi un programme qui s'appuiera soigneusement sur ces points fixes aura des chances pour réussir. Au contraire, tout système qui heurtera ces points fixes, qui, au lieu d'y chercher son appui, voudra les ébranler eux-mêmes, est certain d'échouer misérablement.

Parmi ces points fixes, les principaux, ceux qui en ce moment et toujours attirent le plus l'attention, sont : la propriété, la famille, la responsabilité humaine ou la liberté. Sous l'influence de la loi chrétienne, ces trois bases de la société se sont affermies ; la personnalité de l'homme a acquis, sous ce triple rapport, des garanties qu'elle ne connaissait pas jusque-là. C'est ainsi que le christianisme doit être envisagé par le genre humain reconnaissant comme l'auteur ou le promoteur d'un progrès immense.

L'entreprise qui date de 1789, et dont nous cherchons, à travers toutes nos révolutions, les combinaisons organiques, fut conçue avec un grand respect pour la propriété, la famille, la liberté. Elle tend à fortifier ces points fixes : c'est pour cela qu'elle est salutaire, que c'est du progrès légitime, qu'elle ne peut manquer de réussir définitivement, quelque pénibles que soient les épreuves qu'on

Michel Chevalier

aura eu à subir avant de toucher le but.

Les programmes des novateurs récents ne tiennent pas assez de compte de la propriété, de la famille, de la liberté, ou même ils les violent manifestement, quelquefois en les parant de fleurs. Il n'en faut pas davantage pour qu'ils doivent avorter. Le zèle, l'ardeur et le talent des prosélytes n'y feraient rien : ce sont des causes perdues d'avance.

Vous connaissez maintenant la distinction qu'il faut faire entre le progrès qu'admet l'économie politique, qu'elle ne se borne pas à admettre, qu'elle provoque, et celui dont sont éprises les doctrines qui se dressent contre elle. Je crois pouvoir dire, après l'exposé que je vous ai présenté, que la différence est la même qu'entre la réalité et l'apparence, entre la vérité et la fiction, entre l'histoire et le roman. Et ce sera plus manifeste pour vous, je l'espère, si vous prenez la peine de suivre ce cours.

FIN.

ISBN : 978-1533632739

www.ingramcontent.com/pod-product-compliance
Lightning Source LLC
Chambersburg PA
CBHW072026290526
45787CB00015B/2299

" ...Quand ils eurent cessé de s'abandonner aux écarts de leur imagination et de s'enivrer de leurs propres désirs, les alchimistes devinrent les pères de la chimie, science positive qui est utile à l'homme et ne peut égarer son âme. De même, quand les hommes ardents, qui aujourd'hui se jettent à corps perdu dans le socialisme et en caressent les chimères, auront mis un frein à leurs élans, qu'ils consacreront méthodiquement et opiniâtrement à l'observation et à la réflexion les belles facultés dont les a dotés la nature, ils deviendront des disciples utiles de la philosophie et de l'économie politique. Non, l'économie politique, dont ils sont les adversaires systématiques, ne doit pas désespérer de les compter un jour parmi ses disciples fervents. Dans l'avenir, elle devra certainement des progrès insignes à des personnes qui, dans ce temps-ci, lui auraient volontiers fait la guerre ; car l'économie politique est exactement aux doctrines socialistes ce que la science chimique de nos jours est aux théories désordonnées des alchimistes..."

**M**ichel Chevalier est un homme politique et économiste français, né à Limoges le 13 janvier 1806 et mort au château de Montplaisir à Olmet-et-Villecun, près de Lodève, le 28 novembre 1879.

ISBN 9781533632739

90000

9 781533 632739